Die tollsten Jungen-Geschichten für Erstleser

Von spannenden Abenteuern im Baumhaus und auf dem Schulhof

Liebe Eltern,

jedes Kind ist anders. Eines kennt bereits alle Buchstaben in der Vorschule und kann sie zu Wörtern formen. Ein anderes lernt das Abc beim Eintritt in die Schule. Für das spätere Leseverhalten ist das völlig unerheblich. Wichtig aber ist der Spaß am Lesen – und zwar von Anfang an. Darum muss sich die konzeptionelle Entwicklung von Lesetexten an den unterschiedlichen Lernentwicklungen der Kinder orientieren. Unser Bücherbär-Erstleseprogramm umfasst deshalb verschiedene Reihen für die Vorschule und die ersten beiden Schulklassen. Sie bauen aufeinander auf und holen die Kinder dort ab, wo sie sind. So wird der Lernprozess auch für den fortgeschrittenen Erstleser leichter und die Freude am Lesen hält ein Leben lang.

Die Geschichten in diesem Band richten sich an Leseanfänger in der 1. Klasse.

In Zusammenarbeit mit
westermann

Die tollsten Jungen-Geschichten für Erstleser

Von spannenden Abenteuern im Baumhaus und auf dem Schulhof

Arena

1. Auflage 2018
© Arena Verlag GmbH, Würzburg 2018
Alle Rechte vorbehalten
Einbandillustration: Wolfgang Slawski
Gesamtherstellung: Westermann Druck Zwickau GmbH
ISBN 978-3-401-71192-8

www.arena-verlag.de

Inhalt

Manfred Mai

Abenteuergeschichten

Mit Bildern von
Silvio Neuendorf

Inhalt

Der ballverrückte Wuschel

Heute sind nur fünf Kinder
auf dem kleinen Bolzplatz.
Fünf sind zu wenig,
um richtig Fußball zu spielen.
Deswegen kicken sie den Ball
auch ziemlich lustlos
durch die Gegend.

Nur Wuschel flitzt
wie aufgedreht zwischen
den Kinderbeinen herum,
dem runden Leder hinterher.
Als Luca den Ball
in die Hände nimmt,
springt Wuschel
kläffend an ihm hoch.
Schon ziemlich genervt,
schießt Luca den Ball
mit voller Wucht in die Luft.
Er fliegt über den Zaun
und landet im Bach,
der hinter dem Bolzplatz vorbeifließt.

„He, du spinnst wohl!", ruft Alexander,
dem der Ball gehört.
Dann rennt er los,
Wuschel und die andern folgen ihm.
Als sie den Bach erreichen
und der ballverrückte Wuschel
die Lederkugel entdeckt,
springt er sofort ins Wasser.
„Wuschel!", ruft Sophie.
Er taucht wieder auf,
japst nach Luft, fußelt wie verrückt,
um den Ball zu erwischen.
Das schafft Wuschel zwar,
aber es gelingt ihm nicht,
den Ball ans Ufer zu bringen.

Die Kinder schauen wie gebannt zu.
Langsam verlassen Wuschel die Kräfte,
und er hat Mühe,
sich über Wasser zu halten.
„Wir müssen ihm helfen", sagt Sophie,
die Angst um ihren Wuschel hat.
Aber wie?
„Wir brauchen eine Stange
oder ein Seil oder so etwas",
meint Karim.

„Woher sollen wir so schnell
ein Seil kriegen?", fragt Julia.
„Ich lauf nach Hause", sagt Alexander.
„Das dauert zu lange",
entgegnet Karim.
Hastig suchen sie in Ufernähe alles ab.
„Da!", ruft Luca,
der einen abgebrochenen Ast
entdeckt.
Er schnappt ihn
und zieht ihn hinter sich her zum Bach.
Zu zweit halten sie den Ast
und strecken ihn in Richtung Wuschel.
Aber es reicht noch nicht,
sie müssen näher ran.
„Haltet uns fest,
dass wir nicht ins Wasser fallen",
sagt Karim.

Sophie, Julia und Alexander
stellen sich hinter die zwei
und packen sie an Hemd und Hose.
Jetzt schaffen es Karim und Luca,
die Spitze des Astes
bis vor Wuschels Schnauze
zu strecken.
Wuschel versucht,
sich mit den Vorderpfoten
an dem Ast festzuhalten,
aber das klappt nicht.

Er rutscht ab,
und die Strömung treibt ihn weiter.
„Wir müssen ein Stück vor",
keucht Karim.
Die Kinder laufen etwa zehn Meter
und stellen sich noch einmal auf.
Wuschel treibt kraftlos im Wasser,
geht unter, taucht wieder auf,
schnappt in Todesangst
nach dem Ast vor seiner Nase
und beißt sich fest.
Karim und Luca holen
den Ast vorsichtig ein.
„Halt dich fest! Halt dich fest!",
ruft Sophie.

Und Wuschel hält sich fest,
so lange, bis er in Sicherheit ist.
Sophie nimmt ihn auf den Arm
und drückt ihn erleichtert an sich.

Erst jetzt, nachdem sich
die Anspannung löst,
kommen ihr die Tränen.
„Mein Ball!", ruft Alexander.
Er, Karim, Julia und Luca
laufen weiter, um den Ball
aus dem Bach zu fischen.

Sophie bleibt bei Wuschel,
der nur langsam wieder zu Atem
kommt.
Er fiept, stellt sich auf die noch
wackeligen Beine
und schüttelt das Wasser aus dem Fell,
dass es nur so spritzt.

☞ Warum ist Wuschel in den Bach
gesprungen?

Verdächtige Geräusche

Mama bringt Maxi übers Wochenende
zu den Großeltern.
Die wohnen in einem alten Bauernhaus
auf der Schwäbischen Alb.
Als Maxi am Samstagabend
im Bett liegt,
kann er nicht gleich einschlafen.

Während er überlegt,
was er und die Großeltern
morgen machen könnten,
hört er Geräusche.
Er horcht mit offenem Mund
und angehaltenem Atem.
Da ist jemand, genau über ihm!
Einbrecher, ist Maxis erster Gedanke.
Und der zweite:
Ich muss hinunter zu Oma und Opa.

Aber wenn mich der Einbrecher
auf der Treppe erwischt?
Jetzt rasen die Gedanken
immer schneller
durch Maxis Kopf.
Plötzlich tut es einen lauten Schlag.
Maxi schreckt zusammen
und liegt starr im Bett.
Er möchte schreien,
aber er bringt keinen Ton heraus.
Auf einmal hört Maxi Schritte,
nicht über sich,
sondern draußen auf der Treppe.
Und sie kommen näher.
Er dreht den Kopf,
starrt zur Tür und sieht,
wie die Klinke leise und langsam
nach unten gedrückt wird.

25

Der erste Hilferuf ist noch tonlos,
dann macht die Angst
Maxis Rufe lauter.
„Hilfe! Opa! Hilfe!",
brüllt er schließlich aus Leibeskräften.
In der Tür erscheint der Großvater.
„Keine Angst, ich bin's doch",
versucht er, Maxi zu beruhigen.
„Hast du den Krach
auf dem Dachboden gehört?"
Maxi nickt.
„Und du hast gedacht:
Das ist ein Einbrecher! Stimmt's?"
Wieder nickt Maxi.
„Das war kein Einbrecher",
sagt der Großvater.
„Das war bestimmt ein Tier,
das etwas umgestoßen hat.

Wahrscheinlich eine Katze,
vielleicht auch ein Marder."
Maxi guckt den Großvater zweifelnd an.
„Komm mit, wir gehen nach oben."
„Nein", sagt Maxi schnell
und schüttelt heftig den Kopf.
„Gut, dann bleibst du hier,
und ich schau nach."
Aber allein im Bett bleiben
will Maxi jetzt auch nicht.

Mit klopfendem Herzen geht er mit.
Auf dem Dachboden
knipst der Großvater das Licht an
und schaut sich um.
Ein Brett, das er vor ein paar Tagen
an die Wand gelehnt hat,
liegt auf dem Boden.
Gerade als er
etwas zu Maxi sagen will,
hören sie ein ängstliches „Miau".
Unter einem alten Sessel
hockt Bobbel,
die Katze aus dem Nachbarhaus.
Der Großvater nimmt Maxi an der Hand
und sagt:
„Siehst du die Katze?
Die ist irgendwie hier hereingekommen
und hat das Brett umgestoßen.

Dabei ist sie noch mehr
erschrocken als wir."
Jetzt glaubt Maxi auch,
dass kein Einbrecher hier war.
„Komm, miez, miez, miez",
lockt der Großvater die Katze.
Langsam kommt sie näher
und lässt sich von Großvater streicheln.

Er nimmt sie auf den Arm,
trägt sie hinunter
und setzt sie vor die Haustür.
Und dann erzählt Maxi der Großmutter
die ganze Geschichte.

☞ Weshalb hat sich Maxi gefürchtet?

Gut aufgepasst

Maria und Jan sind
auf dem Heimweg
von der Schule.
Plötzlich bleibt Maria stehen,
hält Jan am Arm fest,
zeigt in einen Garten und flüstert:
„Guck mal, der Mann da."

Der Mann klettert
aus einem Fenster im Erdgeschoss,
kommt durch den Garten
und geht dann schnell nach rechts
in Richtung Supermarkt.
„Der hat da eingebrochen",
vermutet Jan.
„Los, wir verfolgen ihn!"
Die beiden schleichen
hinter dem Mann her.
Der verschwindet im Supermarkt.
Maria und Jan bleiben
vor dem Eingang stehen.
„Und jetzt?", fragt Jan.
„Wir könnten die Polizei anrufen",
sagt Maria.
Als eine Frau herauskommt, fragt Jan:
„Haben Sie ein Handy?"

„Ja, warum?"
„Dadrin ist ein Einbrecher!",
antwortet Maria.
„Sie müssen ganz schnell
die Polizei anrufen!"
„Kinderkram", murmelt die Frau
und geht weiter.
Als Nächster kommt der Mann heraus
und rennt die beiden Kinder
beinahe um, so eilig hat er es.

Er geht den Weg zurück,
auf dem er eben gekommen ist.
Maria und Jan schauen sich
verwundert an und folgen ihm wieder.
Da kommt ihnen ein Polizeiauto
entgegen.
Maria und Jan stellen sich an
den Straßenrand und winken heftig.

Das Auto hält an, und die Kinder
erzählen den Polizisten kurz,
was sie beobachtet haben.
Beide steigen aus.
„Und wo ist der Mann?"
„Dort!", antworten die Kinder
und zeigen auf ihn.
Im nächsten Augenblick
verschwindet er im Garten.
Die Polizisten und die Kinder laufen los.
Sie erreichen den Garten
und sehen den Mann,
der gerade die Haustür öffnen will.
„Moment mal!", ruft ein Polizist.
„Was machen Sie da?"
„Ich schließe meine Haustür auf."
„Sind Sie vorhin aus dem Fenster
geklettert?", fragt der Polizist weiter.

„So ist es", antwortet der Mann.

„Weil meine Frau mich aus Versehen
eingeschlossen hat.

Sie arbeitet drüben im Supermarkt.

Da hab ich mir schnell die Schlüssel
von ihr geholt."

Der Polizist erklärt ihm,
weshalb er gefragt hat.

„Alle Achtung",
sagt der Mann zu Maria und Jan.

„Das habt ihr prima gemacht.

Wenn ich wirklich
ein Einbrecher gewesen wäre,
hätten die Polizisten
mich geschnappt.

Dank eurer Hilfe!"

Auch die Polizisten
loben Maria und Jan.

Und zur Belohnung
werden sie im Polizeiauto
nach Hause gefahren.

☞ Warum ist der Mann aus dem
Fenster geklettert?

Steinzeit

Philipp und Amelie Schmidt
aus Hamburg
machen mit ihren Eltern
Urlaub in Bayern.
In der Ferienwohnung nebenan
wohnen die Beckers aus Dortmund.
Marie Becker ist genauso alt
wie Philipp,
und die drei Kinder
verstehen sich prima.

Weil die Erwachsenen
sich auch gut leiden können,
planen sie schon bald
eine gemeinsame Wanderung.
An einem schönen Morgen
fahren sie alle zusammen
mit der Gondel auf die Zugspitze.
Oben gehen sie auf einem
ausgeschilderten Weg,
damit sie sich nicht verirren.

Um die Mittagszeit machen sie Rast
und nach dem langen Marsch
schmeckt die „Brotzeit" besonders gut.
„Wir sollten uns langsam
auf den Rückweg machen",
meint Mama Schmidt.
Aber Papa Schmidt möchte
noch ein Stück höher.
„Von dort oben ist
die Aussicht
bestimmt noch viel schöner
als von hier!",
behauptet er.
Nach kurzem Hin und Her
packen sie ihre Sachen zusammen
und marschieren weiter.
Doch ganz plötzlich
ziehen dunkle Wolken heran.

Ein kräftiger Wind kommt auf.

„Lasst uns lieber umkehren!

Bis zur Lederer-Hütte ist es nicht weit",

meint Mama Schmidt.

Aber Wind und Wolken sind schneller.

Erste Blitze zucken vom Himmel,

gefolgt von Donnergrollen.

„Beeilt euch!", sagt Papa Schmidt.

„Wir schaffen es nicht bis zur Hütte!",

ruft Mama Becker.

„Wir müssen irgendwo Schutz suchen."
Doch das ist hier oben
gar nicht so einfach.
„Da!", ruft Papa Becker
und deutet auf eine Vertiefung
im Felsen.
„Los, darein!"
Vier Erwachsene und drei Kinder
drängen sich
in die kleine Höhle.
Bei jedem Blitz
zucken sie zusammen
und warten ängstlich
auf den Donner.

Hier im Gebirge kracht es
viel gewaltiger als zu Hause!
Die kleine Amelie
fängt an zu weinen,
und klammert sich an ihre Mama.
Draußen fallen
erste Hagelkörner herab,
groß wie Tischtennisbälle.
Innerhalb von Sekunden
prasselt es nur so.
„So ähnlich wie uns jetzt muss es
den Menschen in der Steinzeit
wohl oft gegangen sein",
meint Papa Becker.
„Haben die in Höhlen gewohnt?",
möchte Philipp wissen.
„Manche schon."
Philipp zieht die Nase hoch.

„Eigentlich finde ich Höhlen toll.
Aber nur bei schönem Wetter!"
So schnell,
wie das Gewitter aufgezogen ist,
zieht es wieder ab,
und die Sonne kommt heraus.
Draußen ist alles weiß
wie im Winter.

Und so kommt es,
dass Amelie, Philipp und Marie
sich die schönste
Schneeballschlacht liefern –
mitten im Juli!

☞ Weshalb müssen sich die Kinder mit
ihren Eltern in eine Höhle flüchten?

Lösungen

Seite 22
Wuschel ist in den Bach gesprungen,
um den Ball herauszuholen.

Seite 30
Maxi hat sich gefürchtet,
weil er nachts unbekannte Geräusche
auf dem Dachboden gehört hat.

Seite 37
Der Mann ist aus dem Fenster geklettert,
weil seine Frau ihn aus Versehen eingeschlossen hat.

Seite 46
Die Wanderer sind in eine Höhle geflüchtet,
weil sie von einem Unwetter überrascht worden sind.

Manfred Mai

Spannende
Baumhausgeschichten

Mit Bildern von
Wolfgang Slawski

Inhalt

Nicht aufhalten lassen

Leons Großvater wohnt
in einem alten Bauernhaus,
zu dem ein großer Garten gehört.
Hier stehen noch ein paar
mächtige Obstbäume
mit weit ausladenden Ästen.
Auf einem dieser Bäume
möchte Leon mit seinen Freunden
eine Hütte bauen.
Und sein Großvater
hat nichts dagegen.
An einem schönen Nachmittag
kommen Leon, Moritz, Anne und Paul
mit Brettern unter den Armen
anmarschiert.
Leons Großvater lächelt.

„Jetzt geht's also los."
Er holt Werkzeug aus dem Schuppen
und steht den Kindern
mit Rat und Tat zur Seite.
Die machen sich eifrig an die Arbeit.
Es wird geplant, gemessen,
gesägt, gehämmert, geschwitzt
und zwischendurch
auch mal geschimpft,
wenn etwas nicht gleich klappt.

„Au!", ruft Moritz
und tanzt wie Rumpelstilzchen herum,
weil er sich mit dem Hammer
auf den Daumen geschlagen hat.
„Unters kalte Wasser damit!",
sagt der Großvater
und öffnet den Wasserhahn.

Moritz hält den Daumen drunter
und spürt,
wie das kalte Wasser
den Schmerz lindert.
Er wischt die Tränen weg.

Ein paar Minuten später
hämmert er schon wieder.
Auch Leon und Anne treffen
statt der Nägel mal die Finger.
Paul reißt sich
an einem abgebrochenen Ast
den Handrücken auf,
sodass der Großvater
ein Pflaster draufkleben muss.

Aber die Kinder lassen sich
dadurch nicht aufhalten.
Drei Nachmittage lang arbeiten
Leon, Moritz, Anne und Paul
so fleißig wie noch nie.
Alle vier haben
zahlreiche Kratzer und Schrammen.
Doch die Schmerzen sind vergessen,
als ihre Baumhütte fertig ist.
Leons Großvater kommt
mit einer Flasche Apfelsaft
und Keksen aus dem Haus.
„Prima habt ihr das gemacht,
das muss gefeiert werden!"

Die Kinder setzen sich ins Gras,
essen Kekse und
lassen den Apfelsaft reihum gehen.
Dabei zählen sie,
wer die meisten Pflaster
an Händen, Armen und Beinen hat.
Paul ist mit vier Stück
der stolze Sieger.

☞ Wieso hält Moritz den Daumen unters
    kalte Wasser?

Gerettet

„Sophie, hörst du mich?"
Sophie dreht sich nuschelnd
auf die andere Seite.
„Sophie!"
Papa rüttelt an ihrem Arm.
„Wenn du mitkommen willst,
musst du jetzt aufstehn."
Sie öffnet die Augen
und sieht Papa
in seiner Jägerkleidung
an ihrem Bett stehen.

Da weiß sie,
dass sie heute zum ersten Mal
mit ihm am frühen Morgen
in den Wald darf.

Zwanzig Minuten später
sind sie auf dem Weg
zu Papas Hochsitz.
Der besteht nicht nur
aus ein paar Stangen und Brettern
wie viele Hochsitze.

Nein, er ist ein richtiges Baumhaus,
das eine Tür und zwei Fenster hat.
Sophie setzt sich an ein Fenster
und schaut hinaus.
Obwohl es
noch nicht mal sechs Uhr ist,
ist sie inzwischen hellwach.
„Wann kommt denn ein Reh?",
fragt sie nach einer Weile.
„Pssst!", macht Papa.

Sophie nimmt Papas Fernglas,
sucht die Wiese ab –
und entdeckt drei Hasen.
Sie hoppeln und fressen,
machen Männchen
und spitzen die Löffel.
Plötzlich laufen sie los
und schlagen Haken.
Es sieht aus,
als spielten sie Fangen.
Papa stupst Sophie an
und zeigt auf einen Fuchs.
Langsam nähert er sich den Hasen.

Die knabbern inzwischen wieder
an dem taufrischen Gras.
„Lauft weg", flüstert Sophie.
„Lauft doch weg!"
Der Fuchs ist nur noch wenige Meter
von den Hasen entfernt,
da klopft Sophie
an die Fensterscheibe.
Im gleichen Augenblick
rasen die Hasen davon.
Der Fuchs jagt hinter ihnen her,
gibt jedoch schnell auf
und trottet weiter.

„Ich habe sie gerettet",
freut sich Sophie.
Papa streicht ihr übers Haar.
Dann öffnet er
vorsichtig die Fenster.
„Damit wir die Tiere besser hören",
sagt er leise.
Es dauert auch nicht lange,
bis es unter ihnen raschelt –
und grunzt!
„Eine Wildsau", flüstert Papa.
„Sie sucht etwas zum Fressen."
Sophie beugt sich ein Stück
aus dem Fenster.
Unten sieht sie an der Leiter
zwei Wildschweine schnüffeln.
„Sie kommen hoch!",
ruft sie ängstlich und weicht zurück.

„Nicht so laut!", sagt Papa.
„Du verscheuchst ja das ganze Wild."
„Die sollen auch verschwinden,
die mag ich nicht."

Sophie klatscht kräftig in die Hände.
Die Wildschweine quieken laut
und rasen im Schweinsgalopp davon.
„Jetzt hast du es geschafft,
dass sich heute Morgen bestimmt
kein Reh mehr sehen lässt",
brummt Papa.
Wie schade, denkt Sophie,
aber Hauptsache,
die Wildschweine sind weg.

☞ Welche Tiere sieht Sophie an diesem
   Morgen?

Jetzt!

Lukas, Enes und Maxi
sitzen in ihrem Baumhaus.
Sie besprechen,
was sie heute tun sollen.
Enes möchte zum Bolzplatz
und Fußball spielen.
Lukas möchte mit den Rädern
durch die Gegend fahren.
Maxi möchte im Baumhaus bleiben
und etwas spielen.
Jeder versucht, die anderen
für seinen Vorschlag zu gewinnen.
„Seid mal still!", sagt Lukas.
„Wieso, was ist los?",
wollen seine Freunde wissen.
„Ich hab was gehört."

Vorsichtig späht er
zu der offenen Tür hinaus.
„Siehst du was?",
fragt Enes leise.
„Nein – doch, da ist einer!"
Sofort drängen sich
Enes und Maxi neben ihn,
sehen jedoch keinen.
„Wo ist einer?",
will Maxi wissen.
„Jetzt ist er wieder weg."
„Du siehst Gespenster",
meint Maxi und robbt zurück
auf die alte Matratze.
Lukas und Enes suchen
mit den Augen das Gelände ab.
„Da!", ruft Enes.
„Jetzt hab ich ihn auch gesehen!"

„Wen? Das Gespenst?", fragt Maxi.

„Da ist noch einer", meldet Lukas.

Jetzt kommt Maxi aus seiner Ecke

und kniet zwischen Lukas und Enes.

Sie entdecken mehrere Jungen,

die sich anschleichen.

„Die wollen uns überfallen",

meint Enes.

„Die sollen nur kommen",

sagt Maxi.

Er zieht den Karton

mit den Tannenzapfen heran.

„Ich werfe zu der Luke hinaus,

ihr zu der Tür.

Aber vorher lassen wir sie
so nah herankommen,
dass sie glauben,
wir seien nicht mehr da."
Lukas und Enes nicken.
Sie stellen sich so auf,
dass sie von außen
nicht gesehen werden können.
Unten kommen die fremden Jungen
im Schutz der Sträucher näher.
„Es sind vier", flüstert Lukas.

„Du nimmst den
mit dem roten Pulli,
Enes und ich die drei anderen."
Maxi nickt.
Dann kommen die Angreifer
aus ihrer Deckung.
Als sie über den freien Platz
auf den Baumhaus-Baum zulaufen,
ruft Maxi: „Jetzt!"
Und schon zischen die Tannenzapfen
durch die Luft.

Die Angreifer sind so überrascht,
dass sie ein paar Augenblicke
wie angewurzelt stehen bleiben.
Obwohl manche Tannenzapfen
ihr Ziel verfehlen,
landen Maxi, Lukas und Enes
eine ganze Menge Treffer.
Schimpfend ergreifen
die vier Jungen die Flucht.
„Sie hauen ab!", ruft Enes.
„Wir haben gewonnen!"
Die drei klatschen sich ab
wie Fußballer nach einem großen Sieg.

„Unsere Baumhaus-Burg ist
uneinnehmbar
wie eine richtige Burg",
meint Maxi.
„Aber jetzt müssen wir
neue Tannenzapfen sammeln,
damit wir auch
den nächsten Angriff
abwehren können", sagt Lukas.
Und damit ist die Frage,
was sie heute tun sollen,
endgültig geklärt.

☞ Wer entdeckt die Angreifer zuerst?

Ungestört

Ein Baumhaus hätte es werden sollen,
es ist aber nie fertig geworden
und ähnelt eher einer Ruine.
Doch das ist Joshua egal.
Hauptsache, er wird von unten
nicht gesehen und hat seine Ruhe.

74

Joshua liegt oft in seiner Ruine
und beobachtet Käfer und Raupen.
Die faszinieren ihn.
Wie sie unermüdlich krabbeln
und kriechen
und sich auch von Hindernissen
nicht aufhalten lassen.

Joshua fragt sich oft,
ob diese kleinen Wesen einfach
draufloskrabbeln und -kriechen
oder ob sie ein Ziel haben.
Und wenn sie eines haben,
woher sie davon wissen.

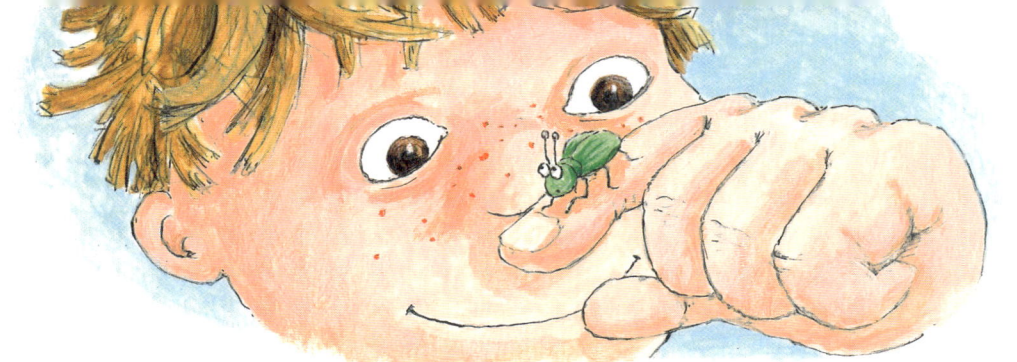

Wenn er sie beobachtet,
sieht es so aus,
als würden sie einem Ziel zustreben.
Aber wenn er diese kleinen Wesen
behutsam mit zwei Fingern aufnimmt
und auf ihrem Weg umdreht,
krabbeln und kriechen sie bald
genauso eifrig weiter –
nur eben in eine andere Richtung.
Manchmal möchte er ein Käfer sein,
manchmal lieber ein Vogel.
Die fliegen mal hierhin,
mal dorthin und bleiben immer,
wo es ihnen gefällt.

Wenn Joshua
in seinem Baumhaus liegt
und durch die Äste
in den Himmel schaut,
stellt er sich vor,
wie er durch die Luft gleitet.
In Gedanken fliegt er
über ferne Städte und Länder.
Das ist herrlich
und das kann er sich
nirgendwo so gut vorstellen,
wie wenn er ungestört
in seiner Baumruine liegt.

☞ Was fragt sich Joshua,
   wenn er Käfer beobachtet?

Unheimlich

Im Frühjahr hat Papa
für Lena und Luis
ein Baumhaus in den Apfelbaum
im Garten gebaut.
Die beiden haben es
schön eingerichtet
und schon oft darin gespielt.
An einem warmen Tag
in den Sommerferien
hat Lena eine Idee:
„Wir schlafen heute
in unserem Baumhaus."

Luis ist sofort einverstanden,
aber Mama und Papa haben Bedenken.
Sie wollen ihren Kindern
die Sache ausreden,
doch die lassen sich
nicht umstimmen.
Sie tragen Decken und Kissen,
Schmusetiere und eine Taschenlampe
ins Baumhaus.
Dann ziehen sie
ihre Jogginganzüge an
und machen sich fertig zum Schlafen.
Mama redet noch mal
auf Lena und Luis ein,
aber vergeblich.
Da nimmt Papa sie zur Seite
und flüstert ihr etwas ins Ohr.
„Meinst du?", fragt sie unsicher.

„Bestimmt", antwortet er.
„Ganz bestimmt."
Lena und Luis
steigen die Leiter hoch
und legen sich ins Luftmatratzenbett.
Mama und Papa schauen nacheinander
zu der kleinen Tür hinein
und wünschen ihren Kindern
eine gute Nacht.

Weil das Laub dicht ist
und das Baumhaus
nur ein kleines Fenster hat,
wird es innen schnell dunkel.
Trotzdem können Lena und Luis
nicht einschlafen,
dafür sind sie viel zu aufgeregt.
Sie lauschen in die Dunkelheit hinein
und hören Geräusche,
die sie bei Tag
so nie gehört haben.
Unheimliche Geräusche!
Über ihnen krächzt ein Vogel,
der riesig sein muss.
Ein Motorrad donnert vorüber,
sodass die Kinder
ein leichtes Vibrieren spüren.

Zwei Katzen kämpfen miteinander
und brüllen dabei wie Löwen.
„Lena, ich hab Angst",
flüstert Luis.
„Ich auch."
Lena knipst die Taschenlampe an.
Der Ast vor dem Fenster
sieht aus wie ein Gespensterarm,
der hereingreift.
„Mach aus",
sagt Luis mit weinerlicher Stimme.
„Mama! Papa!", rufen beide.

„Wir kommen!"
Es dauert keine Minute,
bis Papa und Mama
in der Tür erscheinen.
Mama nimmt Luis huckepack.
Papa nimmt Lena huckepack.
Als Lena und Luis sich
an Papa und Mama kuscheln,
sind die unheimlichen Wesen
aus der Dunkelheit
schon kleiner und weniger gefährlich.

☞ Welche Geräusche hören Lena und
   Luis, als sie im Baumhaus liegen?

Lösungen

Seite 58

Moritz hat sich mit dem Hammer
auf den Daumen geschlagen.
Er hält den Daumen
unters kalte Wasser,
denn das lindert den Schmerz.

Seite 66

Sophie sieht drei Hasen,
einen Fuchs und zwei Wildschweine.

Achim Bröger

Jakobs Zauberhut
Was für ein Schultag!

Mit Bildern von Detlef Kersten

1. Kapitel

Mama kommt in Jakobs Zimmer.
Sie sagt: „Wir gehen jetzt,
Papa und ich.
Du musst in zwanzig Minuten los.
Und setz deine neue Mütze auf!
Es regnet."
Sie gibt Jakob einen Kuss.
Schon ist sie draußen.
Mama hat es eilig.
Denn sie muss zur Arbeit,
genau wie Papa.

Der kommt jetzt auch rein.

Er sagt: „Rike kann nicht zur Schule.

Ihr ist schlecht.

Und vergiss deine Mütze nicht!

Tschüss."

Jakob geht über den Flur.

Vorbei am Zimmer seiner kleineren

großen Schwester.

Die krank im Bett liegt.

Bestimmt ist die größere

große Schwester schon weg.

In der Küche trinkt Jakob Kakao

und isst sein Brot mit Nusscreme.

Danach muss er los.

Der Ranzen steht im Flur.

Ach, da liegt auch die Mütze.

Das doofe Ding.

Eigentlich ist es mehr ein Hut.
Der sieht aus
wie ein riesiger blauer Eierwärmer
mit Krempe.
Tante Ulla hat ihm den geschenkt.
Quietschhässlich, das Ding.

Sie hat Jakob angestrahlt
und gesagt:
„Der Hut wird dir Spaß machen.
Bestimmt!"
Jakob setzt ihn auf.
Dann sieht er in den Spiegel.
Oh Gott, ist der Hut furchtbar!
Er zieht ihn bis über die Ohren.

Glatt fasst er sich an.

Jakob entdeckt

einen silbrigen Faden in der Krempe.

Er dreht sie.

Jetzt steht der Faden

genau über seiner Nase.

Aber was ist da im Spiegel?

Nichts!

Jakob sieht seinen Hut nicht.

Und sich selbst

sieht er auch nicht mehr.

Jakob erschrickt.

Hin und her dreht er sich

vor dem Spiegel.

Er bleibt verschwunden.

Jetzt fasst er sich an.

Er fühlt sich.

Aber er ist unsichtbar.

Ob das mit dem neuen Hut
zu tun hat?
Er dreht ihn.
Zack! Jakob ist wieder da.
Nun dreht er
den silbrigen Faden der Hutkrempe
über seine Nase.
Wie vorhin.
Zack! Jakob ist weg.
Wieder und wieder probiert er das.
Schließlich weiß er:
Der Faden muss genau
über meiner Nase stehen.
Dann bin ich unsichtbar! Einfach weg!
Ein tolles Ding, dieser hässliche Hut.
Jakob überlegt,
was er als Unsichtbarer
anstellen könnte.

Große ärgern.

Zu Merles Geburtstag gehen.

Sich alles nehmen, was er will.

Ihm fällt sofort jede Menge ein.

Jetzt hebt Jakob den Ranzen

und sieht in den Spiegel.

Beide sind unsichtbar,

der Ranzen und er.

Also wird wohl alles unsichtbar,
was ihm gehört.
Das sind zum Beispiel:
seine Kleidung und der Ranzen.
Jakob freut sich richtig
auf die Schule.
Dort wird's heute aufregend.
Er will losgehen.
Da hört er Fernsehgeräusche.
Aber außer ihm
ist nur Rike zu Hause.
Und die liegt krank im Bett.
Leise öffnet Jakob
die Wohnzimmertür.
Seine Schwester sitzt
vor dem Fernseher.
Die Füße auf dem Tisch.

Vor sich eine Cola,
daneben Salzstangen.
Ach, die hat keine Lust auf Schule.
Dann tut sie immer so,
als wäre sie krank.
Dich mach ich wieder gesund!,
nimmt sich Jakob vor.

Rike erschrickt.

Denn da kichert jemand.

Sie guckt sich um. Niemand zu sehen.

Plötzlich läuft ein anderes Programm
im Fernsehen.

Schnell drückt Rike die Fernbedienung.

Nun ist der Ton weg.

Dafür singt
jemand im Radio.
Rike stellt es ab
und den Fernsehton an.
Auf einmal wird der Tisch
mit einem Ruck nach vorne gezogen.
Rikes Füße fallen runter.
Sie springt auf.
Guckt hinter den Sessel.
Niemand da.

Jetzt greift Rike zur Cola.
Aber sie kriegt die Flasche
nicht vom Tisch.
Die steht wie festgehalten.
Nun schwebt die Fernbedienung
durch den Raum,
genau auf Rike zu.
Sie greift danach.
Weg ist sie.
Die Colaflasche wird angehoben.
Rike starrt hin.
Da ist doch niemand!

Trotzdem gluckert es.

Und die Cola wird weniger.

Nur weg hier!, denkt Rike.

Gleich darauf rennt sie zur Schule.

Jakob sitzt in der Küche

und freut sich.

Seinen blauen Hut

hält er in der Hand.

„Wunderbares Ding", flüstert er.

Dann geht auch er zur Schule.

Natürlich unsichtbar.

2. Kapitel

Oje, Jakob kommt zu spät.
Bestimmt schimpft seine Lehrerin,
Frau Puck.
Jakob öffnet das große Schultor.
Der Hausmeister sieht,
dass das Tor aufgeht.
Aber niemand kommt rein.
Das gibt's doch nicht.

Jetzt wird das Tor geschlossen.

Dann hört der Hausmeister

eine Stimme: „Guten Morgen."

Er dreht sich um. Die Halle ist leer.

Der Hausmeister nimmt

einen Zug aus seiner Zigarette.

Den Rauch pustet er weg.

Aber was ist das?

Der Qualm wird zurückgepustet.

Dazu sagt eine Stimme:

„Igitt, stinkt das.

Hier ist Rauchen verboten!"

Stimmt, er sollte hier nicht rauchen.

Aber es ist ja niemand da,

der das sieht.

Oder versteckt sich jemand irgendwo?

Der Hausmeister legt die Zigarette

in den Aschenbecher.

Der steht auf dem Fensterbrett.

Dann geht er einige Schritte

in die Halle.

 Da hört er ein Räuspern.

Er dreht sich um.

Im Aschenbecher

wird seine Zigarette ausgedrückt.

Nun schwebt der Aschenbecher

an ihm vorbei.

Er schwebt zum Abfalleimer.

Dort fällt er rein.

Das Rauchen bekommt mir nicht,

denkt der Hausmeister.

Ich sehe Dinge,

die nicht passieren können.

Ich sollte mit dem Rauchen aufhören.

Jakob geht zu seiner Klasse.

Es gefällt ihm, unsichtbar zu sein.

Hinten im dunklen Flur

steht Hubert aus der Vierten.

Den nennen alle King Hubert.

Der ärgert und schlägt andere gerne.

Vor allem Kleine.

Und er kommt wohl auch zu spät.

Aber was macht er eigentlich da

vor dem Zimmer der dritten Klasse?

Er steht vor den Jacken.

Die hängen an Kleiderhaken.

Hubert guckt,

ob jemand kommt.

Dann greift er in eine Jackentasche.

Er nimmt etwas heraus.

Ein Geldstück.

Schon greift er

in die nächste Tasche.

King Hubert klaut!

Eigentlich hat Jakob Angst
vor dem großen Jungen.
Trotzdem rennt er zu ihm.
So leise er kann.
Wieder wühlt Hubert
in einer Tasche.
Nun tippt ihm jemand
auf den linken Arm.
Hubert wirbelt herum.
Niemand da.

Jetzt zieht ihn jemand
am rechten Ohr.
Ganz fest.
Und er kriegt einen Tritt
gegen das Schienbein.
King Hubert jault auf.
Er wirft das geklaute Geld hin.
Dann rennt er weg.

Jakob steht vor seiner Klasse,
der 2 b.
Leise öffnet er die Tür.
Erst einen Spalt, dann weiter.
Die Kinder sehen zu Frau Puck,
die Rechenaufgaben
an die Tafel schreibt.
Plötzlich quietscht die Tür.
Alle gucken hin, auch Frau Puck.
Jetzt geht sie
zur offen stehenden Tür.
Sie sieht in den Flur.
Da ist niemand.
Verblüfft schließt sie die Tür.
Einen Moment meint sie,
sie hätte jemanden gestreift.
Jakob geht zu seinem Platz
in der letzten Reihe.

Jan, sein Tischnachbar,
sieht aus dem Fenster.
Er träumt vor sich hin.
Wie immer.
Jakob setzt sich auf den Stuhl.
Dann nimmt er seinen Hut ab.

Frau Puck fragt:

„Wer kann

die erste Aufgabe ausrechnen?"

Jakob hebt den Finger.

Jetzt bemerkt die Lehrerin Jakob.

Erstaunt sagt sie:

„Du bist ja doch da."

Er guckt unschuldig und nickt.

Jan erschrickt.

Denn er hat keine Ahnung,

woher Jakob so plötzlich kommt.

Begeistert schiebt der

seinen Hut ins Fach unterm Tisch.

Nun guckt er zu Merle.

Sie sitzt

am zweiten Tisch beim Fenster.

Jakob sieht sie richtig gerne an.

Er findet sie nämlich toll.

Toll nett und toll schön.
Wenn er sie ansieht,
möchte er ein Herz malen.
Für sie,
und ihr das Herz schenken.
Aber das traut er sich nicht.
Am liebsten möchte er auch
neben ihr sitzen.
Da fällt Jakob ein:
Heute setz ich mich neben sie.
Außerdem schenk ich ihr was.
Auf ein Stück Papier
malt er ein rotes Herz.
So schön er kann.
Dabei überlegt er:
Schreibe ich unter das Herz:
Von Jakob?
Ne, das wagt er nicht.

Dafür schreibt er: Von J.

Niemand beobachtet Jakob.

Er setzt den Hut auf.

Mit dem Zeigefinger spürt er

den silbrigen Faden an der Krempe.

Jetzt steht er genau über der Nase.

Zack! Jakob ist weg.

Er geht zwischen den Tischen entlang.

Die Lehrerin guckt

durch ihn hindurch.

An der Tafel ist viel Platz.

Jakob nimmt ein Stück rote Kreide.

Dann sieht er zu Merle.

Und er malt noch ein Herz.

Plötzlich ruft jemand:

„An der Tafel malt was!"

Frau Puck dreht sich um.

Sie sieht ein Herz an der Tafel.

Wahrscheinlich habe ich das

bisher übersehen, denkt sie.

116

Der Unterricht geht weiter.

Jakob schleicht zu Merles Tisch.

Sie sitzt da alleine.

Ihre Tischnachbarin ist weggezogen.

Jetzt setzt sich Jakob

auf den freien Stuhl neben sie.

Er sieht sie an.

Und Merle sieht zur Lehrerin.

Vorsichtig legt Jakob

das weiße Blatt mit dem roten Herzen

neben Merle.

Als er es loslässt,

wird es sichtbar.

Aber Merle sieht nicht hin.

Jakob rückt mit dem Stuhl
näher zu ihr.
Dann noch näher.
Dabei knarrt der Stuhl.
Jetzt sieht Merle zur Seite.
Da bemerkt sie
das rote Herzblatt.
Jakob bemerkt sie nicht.
Sie nimmt das Blatt
und sieht es genau an.
Jakob ist sehr aufgeregt.
Nun legt Merle das Blatt
unter ihren Tisch.
Sie hat das Herz gefunden,
freut sich Jakob.
Am liebsten möchte er
neben ihr sitzen bleiben.
Sichtbar.

Aber das geht nicht so einfach.

Zuerst müsste er das
mit Merle besprechen.

Vielleicht will sie es gar nicht.

Leise steht Jakob auf.

Er setzt sich
wieder auf seinen Platz.

Jan starrt vor sich hin.

Und Jakob nimmt den Hut ab.

3. Kapitel

Jakob spaziert über den Pausenhof.
Unsichtbar.
An der Mauer drüben
steht Merle mit Tanja und Maike.
Jakob hat sich noch nie getraut,
in der Pause zu Merle zu gehen.
Heute traut er sich.
Eben fragt Maike Merle:
„Wen lädst du
zu deinem Geburtstag ein?"
Merle antwortet:
„Euch beide auf alle Fälle."
Da hört sie neben sich
ein Flüstern: „Mich auch?"
Außer Tanja und Maike
ist niemand in der Nähe.

Seltsame Dinge
passieren heute.
Zuerst liegt ein Herz
auf ihrem Tisch.
Dann hört sie eine Stimme.
Maike fragt:
„Lädst du Jungen ein?"
Merle antwortet:
„Ich weiß noch nicht."

King Hubert aus der Vierten
stolziert herum.
Natürlich mit seinen zwei Freunden
Manfred und Heiko.
Das sind ziemlich große Jungen
aus seiner Klasse.
Manfred hält
einige Stücke Kuchen in der Hand.
Die hat er von seinem Vater.
Der ist Bäcker.
Manfred teilt den Kuchen
mit Hubert und Heiko.
King Hubert muss jemanden ärgern.
Da hat er auch schon
ein Opfer gefunden.
Natürlich ein Erstklässler.
Hubert tippt ihm auf die Schulter.
Der Kleine dreht sich um.

Ängstlich sieht er
in Huberts grinsendes Gesicht.
Der sagt:
„He, ich krieg zwei Euro von dir."
„Warum?", fragt der Junge.

Hubert schnauzt ihn an:

„Weil ich die zwei Euro will.

Die hab ich dir geliehen."

„Stimmt nicht",

sagt der Kleine weinerlich.

Er will weglaufen.

Aber schon hält ihn Heiko fest.

Drohend verlangt Hubert:

„Gib das Geld her!"

„Ne", sagt der Junge,

„Aber ich … ich sag's meiner Lehrerin,

dass du so gemein bist."

King Hubert geht nah

zu dem Jungen und flüstert:

„Das wagst du nicht.

Du gibst mir das Geld. Her damit!"

Heiko dreht dem Jungen

den Arm um.

Manfred steht grinsend daneben.

Immer mehr Kinder sehen zu.

Aber niemand tut was.

Jetzt kommen auch Merle, Maike
und Tanja.

Merle verlangt: „Lass ihn los!"

„Was quakt die hier rum?", fragt
Hubert.

Plötzlich tippt ihm jemand
auf die Schulter.
Wie vorhin im Flur.
King Hubert guckt sich um.
Aber da steht keiner.
„Her mit dem Geld!",
blafft Hubert den Kleinen an.
Doch jetzt bekommt er
einen gewaltigen Tritt.
In den Hintern.
Er wirbelt herum.
Da stehen bloß Manfred und Heiko.
Ob das einer von denen war?
Hubert packt den Kleinen.
In diesem Moment hört er
eine Stimme hinter sich:
„Lass ihn los!"
Hubert dreht sich um.

Jetzt fliegt ein Kuchenstück
auf ihn zu.

Direkt aus der Hand von Manfred.

Hubert starrt das Kuchenstück an.

Es fliegt gar nicht schnell.

Aber unheimlich zielgenau.

Eine Stimme sagt:

„Das ist eine Quarktasche.

Guten Appetit!"

Und die Quarktasche klatscht
in Huberts Gesicht.
Nun fragt die Stimme:
„Magst du Streuselkuchen?"
Schon landet
ein Stück Streuselkuchen
in Huberts Gesicht.
Hubert flucht.

Doch auch diesmal
stehen hinter ihm
nur seine beiden Freunde.
Aus der Hand von Manfred
flog der Kuchen.
Wütend stürzt sich Hubert auf ihn.
Schon prügeln sich die beiden.
Der Erstklässler ist weggelaufen.
Jakob guckt Manfred und Hubert zu,
die sich auf dem Boden wälzen.

Merle überlegt:

Woher kommt Jakob so plötzlich?

Ihr fällt sein witziger Hut auf.

Den hat sie noch nie gesehen.

Dann überlegt Merle weiter:

Ob Jakob das Herz für mich gemalt hat?

Es stand ja „Von J." darauf.

J wie Jakob.

4. Kapitel

In der dritten und vierten Stunde
bleibt der Hut unterm Tisch.
Schließlich ist die Schule zu Ende.
Jetzt setzt Jakob
seinen Hut wieder auf.
Frau Puck ruft:
„Oh, Jakob, der Hut sieht toll aus!"

Aber Jakob ist schon verschwunden.

Gleich darauf kommt er aus der Schule.

Natürlich unsichtbar.

Er möchte ein Stück mit Merle gehen.

King Hubert wartet vor dem Schultor.

Und da ist der Junge, dem Hubert das
Geld wegnehmen wollte.

Drohend stellt sich Hubert vor ihn.
Er sagt: „Ich krieg noch zwei Euro!"
Der Kleine rennt weg.
Hubert hinterher.
Aber was ist los?
King Hubert kommt nicht voran.
Jemand hält ihn von hinten
an seinen Gummihosenträgern fest.
Hubert fährt herum.

Es ist wie verhext.
Er sieht niemanden.
Hubert rennt weiter.
Plötzlich spürt er
keinen Widerstand mehr.
Im nächsten Augenblick
klatschen die Hosenträger
auf Huberts Rücken.
Hubert wird nach vorne gestoßen.

Ungebremst.

Die Kraft der Hosenträger
katapultiert ihn blitzschnell
an dem kleinen Jungen vorbei.
Hubert rennt immer weiter.

Ein fürchterlicher Tag!, denkt er.
Alles geht schief.
Ich will nach Hause.

Merle geht mit Maike und Tanja.
Auf einmal hört sie
leise Schritte neben sich.
Aber sie sieht niemanden.
Die Mädchen reden wieder
über die Geburtstagsfeier.
Merle sagt:
„Ich lade doch einen
oder zwei Jungen ein."
„Mich?",
fragt eine leise Stimme neben ihr.

Tanja und Maike
haben nichts gehört.
Jetzt biegen die beiden
nach links ab.
Merle geht alleine weiter.
Trotzdem hat sie das Gefühl,
gar nicht alleine zu sein.
An einer Hauswand neben ihr
lehnt ein Roller.
Plötzlich fährt er los.
Ganz schnell.
Er umkreist sie, einmal, zweimal.
Merle greift nach ihm.
Weg ist er.

Jetzt fährt er geradeaus.

Dann liegt er auf dem Gehsteig.

Merle geht näher heran.

Auf das graue Pflaster vor ihr

wird ein Herz gemalt.

Mit roter Kreide.

Schon wieder ein Herz!

Der Roller fährt zurück.

Merle dreht sich um.
Nun lehnt er
an der Wand wie vorhin.
Gleich darauf rennt jemand
an Merle vorbei.
Sie hört Schritte,
sieht aber niemanden.
Erstaunt geht sie weiter.
Und wer trottet plötzlich vor ihr?
Ganz zufällig?
Wie vom Himmel gefallen?
Jakob.

Der geht so langsam,
dass sie ihn überholt.
„He, Jakob", sagt sie.
Dann gehen sie nebeneinander.
Merle wusste gar nicht,
dass sie denselben Schulweg
haben.

Sie fragt Jakob:

„Dein Hut sieht toll aus.

Ist der neu?"

„Ja, ich hab ihn von meiner Tante.

Zuerst fand ich ihn doof.

Aber jetzt mag ich ihn," sagt Jakob.

Er überlegt,

ob er Merle den Hut leihen sollte.

Damit sie merkt,

wie wunderbar der ist.

Aber heute noch nicht.

Vielleicht ein anderes Mal.

Sie reden miteinander.

Ein schönes Gefühl ist es für Jakob,

mit Merle zusammen zu sein.

Nun fragt sie:

„Sag mal, hast du

das Blatt mit dem Herz gemalt?"

Jakob wird knallrot.

Am liebsten wäre er sofort unsichtbar.

Damit er nicht antworten muss.

Dann sagt er aber doch:

„Ja, es ist von mir."

„Hab ich mir gedacht", meint Merle.

Mehr nicht.

Gleich darauf sagt sie:

„Ich muss hier rechts lang."

Jakob muss nach links.
Also trennen sie sich.
Schade, er wollte Merle
noch so viel erzählen.
Und sie wollte ihn
noch so viel fragen.
Es sind ja wirklich
einige merkwürdige Dinge passiert.
Ob Jakob damit zu tun hat?,
überlegt Merle.
„Warte mal", sagt sie
und fragt ganz schnell:
„Willst du am Montag
zu meinem Geburtstag kommen?"
„Au ja", antwortet Jakob.
Wie ein Blitz
durchzuckt ihn die Freude.
Merle geht nun nach rechts.

Jakob nach links.
Dann dreht er sich um.
Er sieht hinter Merle her.
In dem Augenblick
dreht sie sich auch um.
Guckt hinter ihm her.

Sie hat ihn eingeladen!

Zum Geburtstag.

Jakob könnte vor Freude schweben.

Bald wird er sie fragen,

ob er neben ihr sitzen darf.

Das wünscht er sich schon lange.

Seit der ersten Klasse nämlich.

Ohne seinen Hut

hätte er Merle nicht getroffen.

So „ganz zufällig".

Das hätte er sich nicht getraut.

Bald wird Jakob zu Hause sein.

Vielleicht ist schon

eine seiner großen Schwestern da.

Die könnte er ein bisschen ärgern.

Unsichtbar ist das ganz leicht.

Jakob kommt

an einem Schaufenster vorbei.

Er spiegelt sich darin.

Mit blauem Hut auf dem Kopf.

Ein tolles Ding, dieser Hut.

Mit dem wird er noch viel erleben.

Garantiert.

Detektivgeschichten
978-3-401-70031-1

Lustige Gespenster-geschichten
978-3-401-70167-7

Piratengeschichten
978-3-401-70228-5

Mammutjäger-Geschichten
978-3-401-09771-8

Jeder Band: Ab 6/7 Jahren • Kleine Geschichten • Durchgehend farbig illustriert
48 Seiten • Gebunden • Format 15,9 x 21,1 cm

Mit Bücherbärfigur am Lesebändchen und Fragen zum Leseverständnis

Zeilentrennung nach Sinneinheiten

Sehr einfache Textgliederung für das erste Lesejahr

Große Fibelschrift

„Gut, dass du uns gerufen hast",
sagt Sandor.
„Diese Zeichnungen
sind sehr wertvoll für uns.
Sie zeigen uns den Pfad,
den die Mammutherde
nehmen wird."
Und Elgor ergänzt:
„Siehst du das, Rion?
Wenn die Blätter der Bäume
ihre Farbe wechseln,
werden die Mammuts
zum großen Fluss ziehen."

Am Abend sitzen alle
um das Feuer herum
und machen Pläne.
„Wir müssen
ein Mammut erlegen",
sagt Sandor.
„Dann haben
unsere Frauen und Kinder
viele Monde lang
genug zu essen."
„Aber ich kann kein Blut sehen",
sagt der faule Kerk.

Hoher Illustrationsanteil

Innenseite aus »Mammutjäger-Geschichten«
ISBN 978-3-401-09771-8

Die kurzen Geschichten rund um ein beliebtes Thema sind besonders gut zum
allerersten Selberlesen geeignet. Durch die klare Textgliederung und die vielen
farbigen Illustrationen ist das Lesen ganz leicht.

In Zusammenarbeit westermann

*Eine Geschichte
für Erstleser*

**Die Torjäger – Sieben
Freunde für ein Tor**
978-3-401-70064-9

**Detektivbüro
Eulenauge – Willi
Watsons erster Fall**
978-3-401-70917-8

**Piratenkater Pavarotti
und die wilden Männer**
978-3-401-09774-9

**Mira, Oskar und die
Buchstaben-Magie**
978-3-401-71032-7

Jeder Band: Ab 6 Jahren · **Eine Geschichte für Erstleser** · Durchgehend farbig illustriert
56 Seiten · Gebunden · Format 15,9 x 21,1 cm

ücherbärfigur
esebändchen

Klare Textgliederung

Eine kleine Geschichte in kurzen
Kapiteln für das erste Lesejahr

Große
Fibelschrift

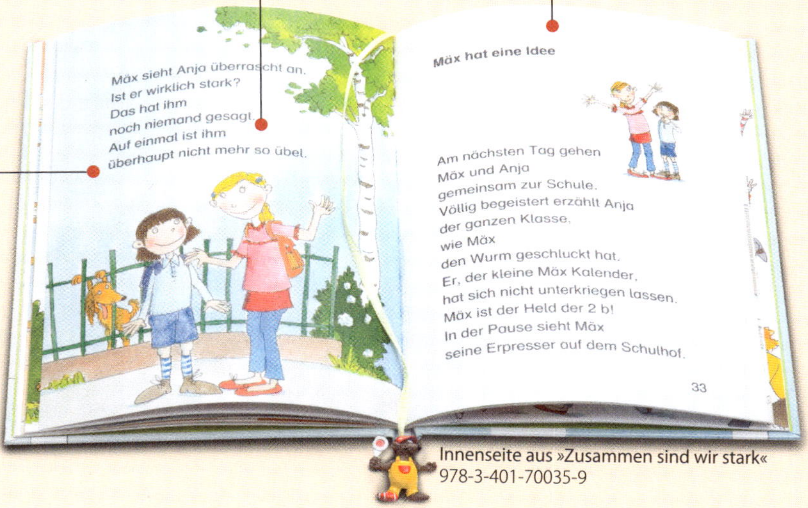

Mäx sieht Anja überrascht an.
Ist er wirklich stark?
Das hat ihm
noch niemand gesagt.
Auf einmal ist ihm
überhaupt nicht mehr so übel.

Mäx hat eine Idee

Am nächsten Tag gehen
Mäx und Anja
gemeinsam zur Schule.
Völlig begeistert erzählt Anja
der ganzen Klasse,
wie Mäx
den Wurm geschluckt hat.
Er, der kleine Mäx Kalender,
hat sich nicht unterkriegen lassen.
Mäx ist der Held der 2 b!
In der Pause sieht Mäx
seine Erpresser auf dem Schulhof.

33

Innenseite aus »Zusammen sind wir stark«
978-3-401-70035-9

Für geübte Leseanfänger ist eine längere durchgehende Geschichte genau
das Richtige! Mit der großen Schrift, den kleinen Kapiteln und den vielen farbigen
Bildern macht das erste Lesen viel Spaß.

In Zusammenarbeit mit
westermann